DIE AUTORIN

lebt zurückgezogen in Belgien.
Jahrgang 1943.
War viele Jahre Hausfrau
und ist Mutter von drei Töchtern.
Später betrieb sie zwanzig Jahre lang
ein Café mit Antiquitätenverkauf.
Nach dem Roman "Maiglöckchen sind….giftig" und
dem Gedichtband "Meeresrauschen – Gezeiten,
Gelebte Zeiten, Endzeiten" ist dies ihr drittes Werk.

DÜNENSAND

UND MEERESRAUSCHEN

Gedichte

von Anne-Kathrin Wagner

Herstellung und Verlag:
BoD-Books on Demand, Norderstedt
ISBN: 978-3-7386-0570-9

*Für Stefanie, meine Tochter.
Für Juliana, Christian und Kasia.*

Die Wahrheit

liegt zwischen
Wahrscheinlichkeit
und Lüge

Die Offenbarung

Ich liebe dich
und du liebst mich
ich bin glücklich

Strandleben im Allgemeinen

Kinder lachen
Kinder weinen
Mütter rennen
trösten
Väter liegen
dösen
Mütter ablösen
WARUM
sie bringen die
Knete ran
DARUM

Zu dumm

warum machen wir uns Sorgen

lasst uns das Leben genießen
tanzt Kinder
tanzt
zu bald ist alles vorbei

wir haben diese Welt
zugrunde gerichtet

Mitgefühl

fast ein Fremdwort

Taten auch

handle

OKAY
meine Kinder
deine Kinder
unsere Kinder
wir werden es versuchen

Großmutter

Du schaust sie an
lange nicht gesehen
wie alt sie geworden ist
ob ich auch so aussehen werde?

Ja, mein Kind
das wirst du
also
genieß die Zeit
denk nicht nur an dich
lebe in der Wirklichkeit
suche die Wahrheit

Dank

Wir haben verlernt
zu danken
dabei ist es so schön
die Freude in den Augen des
Schenkers zu sehen

Hund

Er ist mehr als das
er hört die Töne
die du von dir gibst
wissend, trauernd schaut er dich an
leckt liebevoll tröstend deine Hand
er liebt dich
dein kleiner Hund

Eben noch warst du gesund
und voller Kraft
jetzt fehlt dir alles
die Lebenslust
die Freude
und die Trauer ist da
über nicht erkannte Liebe

Unsichtbar
Alter macht unsichtbar
aber warum hört ihr uns nicht?
seid ihr taub
habt ihr Angst
vor euch selbst
vor uns
den Alten
dem Ende und der Wahrheit?

Zuwendung
willst du haben?
von wem?
du hast dich vor langer Zeit
für den falschen Menschen
entschieden

damit musst du jetzt
weiterleben

Der Unterschied

Frauen wollen reden
das ist nicht der Männer Bestreben
ist doch alles glatt, warum reden
bis wir euch setzen schachmatt

und gehen

Albträume

*Schlaf, der dir geraubt
bringt zurück dein Leben
lebendig die
Figuren
verzerrt das Bild
wild gewordenes Leben
Herzrasen*

Freund
Ja, du bist mein bester Freund
bin ich auch der Deinige
wer weiß?

                                        Wen liebst du
                                            dein Kind
                                        deinen Mann
                                        die Gefahr
                                          das Leben
                    oder liebst du nur dich selbst?

Glück

*Deine Augen in meinen
unser Erkennen
gewünschte Ewigkeit
wir brennen*

Unglück

*Die Augen gesenkt
nichts brennt
Kälte hat uns erfasst
und es beginnt die
Bosheit und Gleichgültigkeit*

Zärtlichkeit

In dieser unserer Zeit
eher geworden zur
Nebensächlichkeit
alle rennen
wohin?

In die Einsamkeit
die Sehnsucht nach der guten alten
Zeit
sie bleibt

Deine Arme
umfangen mich
Wärme durchflutet mich
Mein Körper erwacht
Doch was DU willst
ist Macht
nicht mich

das will ich nicht

Schade
dass du mich nicht liebst
ich war bereit
für Glück, Schmerz und Leid
alles was die Liebe hält bereit

Schmerzen

Nur du kannst sie fühlen
ich kann sie sehen
dein liebes Gesicht zeigt mir ihre
Spuren
nur helfen kann ich dir nicht

Elend

Ich kenn nur meins
und doch
kann ich fühlen das Deinige
in unserm Elend sind wir eins

Abhängigkeit
egal von wem oder was
vorbei deine Unabhängigkeit

Jederzeit

Hilfe botest du mir an
dankbar nahm ich an
nur leider gehst du nicht
dran
tut- tut- tut
verlassen hat mich fast aller Mut
ich klopf an deine Tür
Schatten huschen hin und her
ich drehe mich um
und geh
Perlen fallen vor meine Füße
ich weine

Eine Last

*liegt zentnerschwer auf mir
ein Gespräch mit dir
und ich bin befreit
wie gut, dass es dich gibt*

Herz

Ja, ich habe ein Herz
empfindet wie du den Schmerz
aber ich muss gehen
unsere Herzen haben den Gleichklang
nicht gefunden

Verloren

die Liebe
gewonnen die Freiheit
und
was fängst du damit an ?

Bruder
Zu früh hast du mich verlassen
Von der ersten Liebe eingefangen
zu jung
ein Schuss
und du bist gegangen

Schwester
Sie sieht dich
liegen
starr deine Augen
rot deine Brust
welch ein Verlust
sie weint um dich
deine Schwester
nun ist sie ganz allein

*Sei ein liebes Kind
gebrauch deinen Kopf
sieh hinter die Kulissen
den Schein
es gibt viel zu denken*

Frühling
erst grün
dann gelb
dann weiß
dann rot
eine Pracht der Sinne und Gefühle
Überschwang
wir leben

                      Sommer
                  gelb, weiß
          alles wird rot und reif
     wir erklettern Büsche und Bäume
       und essen den Frühling auf

Heute
geht alles auf Spesen
hau rein
morgen
wirst du vielleicht arbeitslos sein

*Arbeit
ist unser Leben
aber vergessen wir nicht
das Leben selbst*

Muttertag

Du gehörst abgeschafft
ein Tag des Wartens und der
Hoffnung
sie kommen
manchmal
sie tun sich schwer an diesem Tag

Dieser Musstag
dein Mund redet immer dasselbe
zu langsam bist du geworden
Geduld ist nicht ihre Stärke
und die anderen 364 tage
vergiss, dass es sie gibt
diese Wartetage

Ernte

tatsächlich ernten wir das, was wir
säen
aber wissen wir immer
was wir sähen?
Die Ernte kommt
und das wird bitter

Kreativ sein
was soll das sein?
Neues erschaffen
Altes erneuern
oder nur
sich selbst zur Schau stellen?

Du
gibst dir Mühe
eine guter Mensch zu sein
du stolperst
jetzt bist du dran
niemand
noch Maus noch Mann
sieht dich als Mensch noch an

Einigkeit
zwischen wem?
dir und mir
unter unseren Kindern
den Weltmächten?
kann nicht sein, wenn selbst du und ich
keine Einigkeit zustande bringen
wie traurig ist das

Gewalt
ist das, was wir den Tieren antun
dafür werden wir büßen müssen

das tun wir doch schon
oder?

Gefühle

*Ich kann sie nicht aussprechen
was ich wirklich denke
nur schreiben
stumm
und doch voll der Worte
gehe ich an viele Orte
will reden
etwas bewegen
zu jung hat man mich der Sprache
beraubt
mir das Schweigen beigebracht*

*Orden werden verliehen
für dies und das
was waren früher
Selbstverständlichkeiten
wie arm ist das*

*Wir schwören Liebe auf Ewigkeit
in Wahrheit
lieben wir nur
unsere eigene Wenigkeit*

Weine nicht
er ist weg
leg ab den Blick auf die
Äußerlichkeiten
dem Nächsten schau auf den Mund
achte auf seine Worte
vergiss seine krummen Beine
vielleicht sind sie es
die dich retten werden vor dem
Untergang

Trennung

Viele Jahre ohne dich
nie vergessen
mein Kind
warum?
Erklären kann ich es mir nicht
ich will wärmen dich
drehen die Zeit zurück
zu spät
du willst mich nicht mehr
und ich muss bald gehen
für immer

*Ewigkeit
was bedeutet das
immer leben?
wie erschreckend
oder nur dich bis in die Ewigkeit
lieben*

Trauer
Ja, ich traure um dich
aber ich bin auch froh
dass du erlöst bist
ruh dich aus
ich vermisse dich

Gehen
es fällt so schwer
immer noch weiß ich nicht
wer bin ich
wer bist du?

Wir leben
wir zeugen
zu schnell müssen wir uns dem Alter
beugen
langsam der Schritt
traurig der Blick
allein

Schnelllebige ZEIT

Wir suchen die große Liebe
lassen uns keine Zeit
zu schnell, zu schnell
der erste Kuss
die erste Umarmung
zu schnell, zu schnell geben wir alles
Zu schnell, zu schnell ist es vorbei

Wir gaben uns keine Zeit
uns kennenzulernen
aus ist es
und jedes mal lässt du dir ein Stück
deiner Seele stehlen
bald ist sie nur noch eine Hülle
deine Seele
und du auch

Halt sie mal an die schnelllebige ZEIT
      DU

Nachwort der Autorin

Warmen Sand zwischen den Zehen, das Rauschen des Meeres, blau-weiße Wolkenfelder ziehen dahin. Das ist balsam für die Seele. Der Alltag und die Schrecken der Umwelt fallen ab - eine Seelenreinigung.

Und meine Inspiration.

Man ist gewappnet weiter zu leben auf dieser Erde, oder auch um Abschied zu nehmen.

K. Wagner

Layout und Gestaltung: Juliana Wagner

Anne-Kathrin Wagner

Maiglöckchen sind .... giftig

Spannende Familiensaga

Vier Kinder werden von jetzt auf gleich zu Vollwaisen, was auf tragische Weise zwei Generationen dieser Familie zerstören wird. Menschliche Verstrickungen, Abhängigkeiten und Grausamkeiten...trotz allem (oder gerade deshalb?!) steckt diese Lebensgeschichte voller Humor, Ironie und Witz!

Verlagshaus Schlosser
ISBN: 978-3-86937-254-9

Anne-Kathrin Wagner

Meeresrauschen
Gezeiten, Gelebte Zeiten, Endzeiten

Gedichte

Meeresrauschen...lebt im Ohr, bleibt im Kopf. In jedem Gedicht rauscht ein persönlich gelebtes Leben. Beziehungslosigkeit und innere Leere. Sie prägen unsere Zeit – und die Menschheit allgemein.
Gedichte, die leise dahergkommen... Man sollte sie langsam lesen. Sie regen zum Nachdenken an.

Bod – Books on Demand, Norderstedt
ISBN: 978-3-7322-9840-2